Prendre le maquis

Du même auteur

Complainte d'une femme mariée – BOD – 2009

L'atéchisme – BOD – 2010

Camille Case

Prendre le maquis

« La période présente est celle où tout ce qui semble normalement constituer une raison de vivre s'évanouit, où l'on doit, sous peine de sombrer dans le désarroi ou l'inconscience, tout remettre en question. Que le triomphe des mouvements autoritaires et nationalistes ruine un peu partout l'espoir que de braves gens avaient mis dans la démocratie et dans le pacifisme, ce n'est qu'une partie du mal dont nous souffrons ; il est bien plus profond et bien plus étendu. On peut se demander s'il existe un domaine de la vie publique ou privée où les sources mêmes de l'activité et de l'espérance ne soient empoisonnées par les conditions dans lesquelles nous vivons. Le travail ne s'accomplit plus avec la conscience orgueilleuse qu'on *est utile, mais aves le sentiment humiliant et angoissant de posséder un privilège octroyé par une passagère faveur du sort, un privilège dont on exclut plusieurs êtres humains du fait même qu'on en jouit, bref une place.* »

Simone Weil (1909 – 1943) Extrait de « Réflexions sur les causes de la liberté et de l'oppression sociale » - 1934

« *Soyez résolu de ne plus servir et vous voilà libre.* » La Boétie

« *Je sais mal ce qu'est le liberté mais je sais bien ce qu'est la libération.* » André Malraux

« *Il n'est point de bonheur sans liberté, ni de liberté sans courage* » Périclès

« La passion la plus forte du vingtième siècle : la servitude. » Albert Camus

La France est occupée

« Au point de vue politique, il n'y a qu'un seul principe, la souveraineté de l'homme sur lui-même. Cette souveraineté de moi sur moi s'appelle Liberté. » Victor Hugo

Prendre le maquis, entrer en résistance pour lutter contre l'occupant : *« Des gouvernants de rencontre ont pu capituler, cédant à la panique, oubliant l'honneur, livrant le pays à la servitude. Cependant, rien n'est perdu ! »* Général de Gaulle

Nous ne sommes pas dans la France de 1940, nous ne sommes pas en Union-Soviétique au lendemain de l'invasion allemande, nous ne sommes pas davantage en 1430 sous l'occupation anglaise…

2011, la France est occupée.

Ses espaces publiques : écoles, hôpitaux, sécurité sociale perdent du terrain tous les jours face aux attaques répétées de l'idéologie néo-libérale et son bras armé, la marchandise.

Les pensées, réflexions ou idées ont été en totalité défaites par l'idéologie néolibérale qui occupe les cerveaux au point que toute alternative est devenue impensable et, de ce fait, impensée.

C'est une occupation « douce » mais qui procède de la même stratégie qu'une occupation militaire :

. Désarmer la pensée de la population du territoire occupé.

. S'accaparer l'ensemble des outils de propagande.

. « Terroriser » la population sur les risques à s'opposer à l'idéologie dominante.

. Eliminer toutes les structures de solidarité pour parer aux insurrections collectives.

. Recentrer le pouvoir tout en préservant l'apparence de la démocratie.

Il s'agit en fait de déposséder le peuple de ce qui fait qu'il pense, qu'il est autonome et qu'il agit ; le déposséder pour qu'il renonce à conduire son destin.

En 2011, la France (et pas qu'elle) est occupée.

L'occupation des esprits, pour qu'elle devienne annexion des cerveaux, doit obtenir la soumission des populations à la nouvelle « culture ».

Il conviendra d'abord de sortir insensiblement de la démocratie, il faudra ensuite instiller par la propagande la nouvelle idéologie puis désarmer le peuple en le privant de ses moyens d'action politique et, ainsi, de son autonomie et enfin le mobiliser dans une guerre totale.

Face à cette occupation mentale et intellectuelle, une solution : prendre le maquis.

« Ils ont voté et puis après… » chantait Léo Ferré.

« L'adulte ne croit pas au père Noël. Il vote. » Pierre Desproges

Juin 2010, les marchés, comme ils disent, « sanctionnent » une république européenne. Quelle est cette sanction ? Un déchaînement spéculatif dont l'objet est la dette du pays, poussant le dit pays à adopter une politique consistant à réduire les dépenses publiques ouvrant ainsi des pans entiers d'activités au secteur privé avec la complicité de l'Europe.

Les femmes et hommes d'Etats européens envoient un « message aux marchés » en mobilisant encore de l'argent et annoncent des politiques d'austérité, coupes sombres dans les budgets sociaux… un signal clair : les pays européens réduisent les services publics pour laisser la place aux groupes privés.

En France, le Président, mécontent de l'attitude de l'Assemblée Nationale concernant une proposition de loi gouvernementale (ce qui est un oxymore constitutionnel), tance les députés du parti et fait voter un amendement punissant ainsi l'audace de la représentation nationale ; « fait voter » mots trouvés dans la presse et les médias sans que personne n'en soit choqué. L'instrumentalisations des représentants du peuple par un pouvoir centralisé est entrée dans les mœurs.

Peu de temps avant, ce même Président élu avait injecté des centaines de milliards d'euros pour sauver le système bancaire français et « rassurer » les marchés. Ceux-ci ont alors déplacé leurs attaques vers la monnaie ; nouvelle initiative présidentielle, nouveaux milliards.

Dans le même temps, des milliers de postes d'enseignants sont supprimés, le système de santé fait l'objet de mesures drastiques organisant la pénurie des soins, le patrimoine national est soldé…

Voilà donc un dirigeant, le Président de la République française, qui décide de ce qui doit-être voté, qui subit la volonté de la communauté anonyme des marchés. Réincarnation du monarque d'avant, exerçant l'absolutisme de son pouvoir, soumettant sa volonté à Dieu. Il n'agit plus au nom du peuple, il renie les principes démocratiques que le peuple a conquis en 1789 et qu'il a défendus au prix du sang depuis.

Ce peuple a voté ; chaque citoyen, quand il vote, abandonne son pouvoir à une femme ou un homme pour qu'elle ou il conduise son destin. Chaque citoyen, quand il vote, se met à espérer naïvement à un monde meilleur évacuant momentanément sa crainte de l'avenir, déléguant ainsi son pouvoir d'agir à d'autres.

Choisit-il la société dans laquelle il veut vivre ? Non !
Entre le conservatisme et la social-démocratie il n'y a
aucun choix ; la loi indépassable, la nouvelle
transcendance est le marché et son incarnation : la
marchandise.

Qu'est une République démocratique où le peuple ne
peut décider de la société dans laquelle il veut vivre ?
Un régime totalitaire ?

Qu'est une République démocratique où le Président
nomme les directeurs des médias Publiques ? Un
régime de pouvoir absolu ?

Le vote, dans ce type de régime, est l'obtention du
consentement du peuple à son aliénation.

Prendre le maquis citoyen c'est ne plus alimenter
l'instrumentalisation du vote. L'élection pervertie ôte
le pouvoir aux citoyens. Prendre le maquis, c'est ne
plus voter, refuser de nous laisser déposséder de notre
pouvoir, reconquérir notre capacité d'agir en ne la
délégant à personne d'autre.

Pourquoi nos élus ont une telle crispation avec ce qu'ils appellent « notre devoir de citoyen » ? Ils savent que le pouvoir qu'ils détiennent vient de là, ils craignent que nous les en privions. Faisons-leur peur !

L'occupant : La main invisible

« Il n'y a que les esprits légers pour ne pas juger sur les apparences. Le vrai mystère du monde est le visible, et non l'invisible. » Oscar Wilde

Une divinité est née, celle du marché qui possède cette sagesse de réguler la violence des relations en lieu et place de la morale. Elle est invoquée par ceux qui prônent la liberté absolue de l'individu contre la collectivité qui pourrait la limiter par des notions telle que « solidarité » ou « collectif » ou encore « intérêt général ». Le projet des thuriféraires de cette divinité : l'avènement d'une théocratie impériale et mondiale.

La défaite de Dieu dans notre pays laïque a laissé la place à une nouvelle transcendance : le marché.

L'idéologie est simple : tout est marché, tout est marchand, tout est marchandise : « je suis dans tout et partout ».

La marché instaure les nouveau codes moraux ; productif : bien, non-productif : mal ; rentable : bien, non-rentable : mal ; concurrentiel : bien, non-concurrentiel : mal ; retraites-chapeau : bien, retraites des fonctionnaires : mal.

La marché juge à l'aune de cette « morale » les bons et les mauvais pays selon un critère simple : le volume de l'état et donc, sa capacité d'intervention ; plus l'Etat est discret plus le business prospère, moins l'Etat régule la sauvagerie, plus la prédation est la règle, moins la loi des Hommes civilise plus la loi du marché barbarise.

Rappelons ici que l'Etat est l'outil d'action du peuple, l'outil d'exécution de sa volonté, contre-pouvoir laïc à la volonté de domination de la divinité du marché. L'Etat est passé aux mains de l'occupant.

Prendre le maquis, c'est défaire cette morale, c'est s'extraire de la consommation comme finalité de toute vie, c'est refuser le discours servi à longueur d'onde par les prêcheurs du monde marchand ; éteignons nos boîtes à images.

L'origine du mal.

« Ce qui commence dans le mal s'affermit par le mal. »
William Schakespeare

Friedrich Hayek, économiste, est réputé être le théoricien du dogme qui tente d'occuper la pensée contemporaine.

La structure argumentaire de Hayek s'appuie sur un postulat simple : la raison humaine est limitée et ne peut donc appréhender la complexité du monde tant les interactions sont multiples et incertaines. Ce qui lui permet d'établir la proposition suivante : toute intervention de l'homme dans la marche spontanée du monde est une erreur puisque dénuée de toute connaissance de cause. Les gouvernants sont soumis à cette limite de la connaissance et les décisions qu'ils pourraient prendre sont illégitimes.

On reconnaît ici une vieille antienne religieuse réactualisée pour devenir moderne ; il y a plus de raison dans le marché que dans les hommes ; autrement dit par les religions : il y a plus de raison dans dieu que dans les hommes. A l'instar des religions, l'intervention d'une puissance publique dans l'économie de marché devient condamnable : la morale nouvelle est née et ne cesse aujourd'hui d'influencer les comportements des représentants des peuples et des gouvernements.

Parce que l'ordre du monde est spontané et qu'il n'est pas issu d'un projet humain, il convient de ne pas troubler cet état naturel où la « main invisible » produit de l'ordre.

Tout compte fait, la « main invisible » nous veut du bien, elle pourrait même nous aimer et pour un peu nous envoyer son fils pour nous sauver (une sorte de « petite main »). Le bonheur est dans le « laisser faire ».

Une brèche est ouverte et le dogme se radicalise : « *En ôtant à l'autorité politique le droit de regard sur l'organisation de l'activité économique, le marché supprime cette source de pouvoir coercitif ; il permet que la puissance économique serve de frein plutôt que de renfort au pouvoir politique* » Extrait de « Capitalisme et liberté » de Milton Friedman.

Cette « morale » est reprise et appliquée par les gouvernements et particulièrement le nôtre, le pouvoir politique est déconstruit puisqu'il est réputé coercitif ; le pouvoir politique, « c'est mal ». En d'autres termes, ceux qui ont reçu un mandat du peuple pour mettre en œuvre sa volonté sont freinés par le marché qui s'arroge un pouvoir supérieur. Le peuple est dissout !

Comment réduire la marge de manœuvre de l'Etat ? Réponse de Milton Friedman : « *Je pense qu'il n'y a qu'une façon : celle dont les parents contrôlent les dépenses excessives de leurs enfants, en diminuant leur argent de poche. Pour un gouvernement, cela signifie réduire les impôts. »*

Le bouclier fiscal, la disparition programmée de l'impôt sur les grandes fortunes, les exonérations fiscales et sociales qui bénéficient aux entreprises (près de moitié du budget de l'Etat)… quelques mesures « miltonniennes » dont l'objectif est de « désarmer » l'Etat pour qu'il n'ait plus la puissance de « moraliser le capitalisme ». Il suffit, pour s'en convaincre d'assister à l'impuissance des hommes d'état du G20 et autres G dissimulée derrière quelques rodomontades viriles sans autre effet que celui de la manche.

La synthèse de ces dogmes se formule dans le *minarchisme* où l'état n'est plus que le garant de l'ordre afin que le marché s'épanouisse sans résistance, sans contestation, sans insurrection ; à la chinoise. C'est fait !

La morale du marché s'est imposée. Le mal : le peuple ; le bien : le marché ; à l'instar de tous les dogmes manichéens, l'Homme est source du mal, dieu ou le marché est source du bien.

Pourquoi une vision du monde aussi simpliste a-t-elle envahi la pensée et l'esprit ?

Cette vision a une histoire : Zoroastre (premier millénaire avant J.C.) prêchait l'éternel combat entre le bien et le mal, la lumière et les ténèbres jusqu'à l'avènement du royaume de dieu sur terre. Ce sont les lois de dieu qui permettent aux Hommes d'accéder au Ciel niant ainsi toute velléité aux peuples de vivre ensemble sous leur propre loi.

Le dualisme est le fondement du dogme de tous les monothéismes dont l'un, fondé par le prophète Mani (troisième siècle après J.-C.) donna l'adjectif manichéennes pour désigner les idéologies toujours dominantes aujourd'hui

Pour relayer ces idéologies simplettes, il fallait des relais simplets. Les premiers furent Ronald Reagan et Margaret Thatcher qui tentèrent de mettre en œuvre le dogme de façon radicale au point que l'opposition « social-démocrate » changea de terrain et aligna son positionnement idéologique. Aujourd'hui, les « gauches » sont une sorte de Croix-Rouge pour atténuer les effets dévastateurs de la morale du marché sans aucune proposition alternative.

C'est un tropisme fréquent de répondre à une complexité par une réponse simplificatrice : le bien, le mal.

La messe est-elle dite ?

Qui sait ? Mais elle dure, les cérémonies de célébration sont permanentes : les grands prêtres sont à l'œuvre.

Prendre le maquis c'est contester, résister, s'indigner, s'insurger contre la dissolution du peuple. Là où nous sommes, défaire le discours convenu de l'idéologie et nous cultivant pour mieux comprendre ce qui est à l'œuvre. Prendre le marquis c'est acquérir les moyens de désarmer l'argumentation de l'envahisseur.

Prendre le maquis, c'est ne plus aller à la messe marchande (journaux télévisés…).

Le maquis est au-delà du bien et du mal.

Les grands prêtres

« Nos prêtres ne sont point ce qu'un vain peuple pense, Notre crédulité fait toute leur science. » Voltaire

Qui sont-ils ?

. Le journaliste économique, répétiteur du dogme, intervenant dans les journaux télévisés, les émissions économiques, livrant avec les quelques mots de vocabulaire dont il dispose : « concurrence, mondialisation, performance, rentabilité, productivité, dépenses publiques, marchés », les psaumes du dogme. C'est l'instrument de la conversion.

> *« ...Car le grand absent est paradoxalement l'Etat mais dans ce qu'il porte comme responsabilités dans la crise : l'Etat qui favorisera le crédit hypothécaire dans un but électoraliste en oubliant que le prix de la pierre peut baisser, l'Etat qui apportera sa signature (son triple A) à ces créances plus que douteuses, l'Etat qui fera et fait continuellement pression sur ceux qu'il a nommés à la tête des banques centrales pour abaisser les taux d'intérêt et dynamiser artificiellement la croissance, l'Etat qui se satisfera et se satisfait de la succession de bulles tant ses représentants redoutent l'assainissement pourtant inéluctable de l'économie qui leur serait fatal au plan électoral. »*
> Extrait d'un article de Matthieu Fumat trouvé sur htt://lecercle.lesechos.fr.

Là encore, le mal vient de l'Etat, responsable et coupable de la crise. Pris en flagrant délit de déviance, il est à l'origine des maux. Pourtant l'Etat n'est plus l'instrument du peuple mais l'instrument du dogme. Ici le grand prêtre reproche à l'Etat son manque d'orthodoxie. Pourtant l'Etat a fait ce qu'il a pu pour que l'application du dogme ne se transforme pas en déroute ; mordre la main qui vous nourrit est un comportement de bête sauvage qui en appelle à plus de sauvagerie encore : « assainissement de l'économie». Voilà une idée malsaine qu'il faudra assainir.

. La cheftaine des patrons, véritable égérie de la lutte des classes, protégeant la sienne pour soumettre les autres, proférant les sourates du prophète (Milton Friedman). C'est l'instrument de l'incarcération du peuple dans ces camps de redressement moral modernes : les entreprises.

« Nous savons que nous sommes maintenant –très légitimement et très indubitablement– des acteurs majeurs de la vie publique, que nous avons imposé

avec succès le débat économique dans l'élection présidentielle de 2007, et nous sommes bien décidés à recommencer en 2012, pour que ni l'économie ni l'entreprise ne soient jamais traitées autrement qu'à leur juste place, c'est-à-dire à la première place. »
Extrait d'un discours de Laurence Parisot du 1er juillet 2010.

Le marché à la première place, c'est toute la sottise de cette pensée : mettre l'outil à la première place abandonnant du même coup toute finalité humaine. L'idée n'est pas de ferrer le cheval mais de sacraliser le fer.

A la liberté, cette intellectuelle de la marchandise substitue le management (système de soumission à l'œuvre dans les entreprises) ; à l'égalité, la hiérarchie ; à la fraternité, la compétition. Preuve est faite que pour ces gens là, l'ennemie est la république.

. Le souverain, simplet dans sa lecture du monde, adepte du darwinisme social, adepte du déterminisme génétique, frappé du syndrome de toute puissance, grand utilisateur du rapport de force, dévot du marché, avocat qui gère le pays comme une succession de dossiers. Il est l'instrument autoritaire dont le dogme a besoin. Pourquoi ? Pour graver sur l'airain le principe fondateur de l'aliénation économique : « Tout ce qui ne va pas au travail va au capital » ; le libéralisme absolu crée la richesse de l'actionnaire sur l'exploitation de l'esclave à moindre coût. Encore faut-il que cet esclave soit parfaitement soumis, obéissant et « dur au travail ». La Chine est le modèle du libéralisme absolu, le dogme veut étendre ce modèle, une sorte d'universalisme, à l'ensemble des pays.

"Pour rétablir l'équilibre de nos finances publiques, la solution de l'augmentation des impôts, je m'y refuse. » Extrait du discours de Nicolas Sarkozy le 2 janvier 2010.

Phrase « miltonnienne » par excellence : « diminuer l'argent de poche » en d'autre terme : réduire l'Etat.

Sait-il seulement ce qu'il invoque quand il parle ?

. Les conseillers des princes, commissaires politiques de l'orthodoxie, thuriféraires des marchés, ces gens de l'ombre garantissent par leur bon conseil la pureté de la ligne du « parti ».

A propos d'un référendum sur la réforme des retraites : « *Interroger un pays sur des sujets extrêmement compliqués, on l'a vu au moment du traité constitutionnel, aboutit à une inconscience collective et en plus au fait des réflexes autres qui prévalent.* » Extrait d'une interview d'Alain Minc pour l'émission Le Talk du 7 octobre 2010.

Le peuple est incapable de comprendre des sujets complexes (il s'agit pourtant de son système de retraite). Le peuple est inconscient (le « non » au référendum sur la constitution européenne). Le peuple est incapable de répondre à une question, ce sont ses reflexes qui répondent ; laissons faire les conseillers !

Le peuple est dissout, son intelligence est sommaire, sa pensée n'existe pas ; que sa tête soit coupée, gardons les bras pour la production.

Il convient de soumettre la populace en inventant un danger, une menace…une « bonne guerre » et décrétons la mobilisation générale de toutes les « forces vives ».

Prendre le maquis c'est ne plus écouter, couper le son. Prendre le maquis, c'est revendiquer la parole souveraine du peuple souverain et retirer à tous ces cuistres leur pouvoir de nuisance il suffit juste de ne plus les entendre ; privé d'audimat, ils ne sont rien.

La guerre totale

« La guerre est une poursuite de l'activité politique par d'autres moyens. » Carl von Clausewitz

« L'effort de guerre totale est un sujet qui concerne maintenant tout le peuple allemand. Personne n'a de raison d'ignorer ses demandes. Une ovation générale a acquiescé à mes demandes du 30 janvier pour une guerre totale. Je peux ainsi vous assurer que les mesures prises par nos dirigeants sont en parfait accord avec les vœux du peuple allemand tant à la maison, qu'au front. Le peuple est prêt à porter le fardeau même le plus lourd, faire n'importe quel

sacrifice s'il le conduit au but grandiose de la victoire. » Extrait du discours de Joseph Goebbels le 18 février 1943.

La notion de guerre totale a été imaginée pour décrire la première et la deuxième guerre mondiale. Une guerre totale met en œuvre toutes les ressources des pays concernés ; énergie, techniques, sciences, idéologies ; toute la population est combattante et le champ de bataille est partout.

Les thuriféraires de l'économie mondialisée ne disent pas autre chose ; nous sommes en guerre économique totale… Il convient que chacun s'apprête à sacrifier son confort, ses acquis, ses aspirations pour livrer le combat. Il s'agit d'être concurrentiel, d'être productif, de travailler plus, de ne pas exiger de salaires décents, de se débarrasser de l'Etat-providence. L'ennemi est intérieur : la dette, le fonctionnaire privilégié, le chômeur sur-indemnisé, le senior inefficace, le jeune trop cultivé, le service public trop luxueux, la santé trop dépensière, le retraité trop jeune, le chercheur peu trouveur, l'enseignant archaïque…

Pour mener cette guerre totale, il convient de se dépouiller de tout ce qui contribue à la civilisation pour se vêtir des habits de la barbarie : manger ou être mangé.

Cette guerre n'aura pas de fin, elle est consubstantielle à la « modernité », elle est indépassable.

« Il faut dire la vérité aux Français », nous devons consacrer la totalité de nos ressources à cette guerre et se préparer aux sacrifices. La redistribution des richesses n'aura plus une finalité égalitaire mais celles-ci seront affectées au financement de nos armées (comprendre : les grandes entreprises, les capitaux, les finances).

L'acte de revendiquer dans ses périodes où l'effort collectif est exigé est irresponsable.

Être malade ne peut nous dispenser de contribuer à l'effort de guerre ; il est hautement responsable dans ce cas d'éviter de se soigner.

Nous devons engager dans la bataille toutes les forces publiques et livrer aux troupes combattantes le bien commun : poste, électricité, hôpitaux, sécurité sociale, patrimoine…

Dans ces temps troublés le pouvoir doit être fort, resserré dans les mains du père du fils et de son clan ; la représentation du peuple ne sera plus que symbolique, transformant en lois les diktats du pouvoir suprême. La guerre totale crée un état d'exception, les représentants du peuple ont remis tous les pouvoirs à un seul ; ça ne vous rappelle rien ?

Les minorités doivent porter les malheurs du pays et être désignées puis raflées pour ressouder la communauté nationale autour de son « leader ».

Quand la société ne formera plus qu'un seul corps, qu'une pensée, qu'une seule voix. Quand l'idée même d'insurrection et de résistance aura disparu, quand le frisson parcourra l'échine des foules à l'écoute du chef, règnera le nouvel ordre du millénaire.

Effrayante perceptive qui paraît aujourd'hui impossible ; pourtant quelques signes forts de la mobilisation générale sont déjà visibles et notamment la dépossession du peuple de ses biens communs, de son jugement, de son pouvoir.

Prendre le maquis, c'est déserter.

> *« Et je dirai aux gens:*
> *Refusez d'obéir*
> *Refusez de la faire*
> *N'allez pas à la guerre*
> *Refusez de partir*
> *S'il faut donner son sang*
> *Allez donner le vôtre*
> *Vous êtes bon apôtre*
> *Monsieur le Président »*

Extrait de « Le déserteur » de Boris Vian – 1954

Le peuple dépossédé

« La possession est une amitié entre l'homme et les choses. » Jean-Paul Sartre

Le peuple dépossédé de ses biens

L'ensemble des citoyens possède en commun des biens publics. Chaque citoyen détient une part des écoles, des hôpitaux… ensemble de structures destinées à dispenser l'enseignement ou les soins… pour le plus grand nombre et de manière égale tant dans l'accès dans la qualité du service délivré.

Ce qui contribuait à la cohésion de notre nation était la possession en commun de biens : le système de santé (lieux de soin et assurances), le système de retraite, la poste, l'énergie, l'eau, l'enseignement, la banque, les transports, les infrastructures routières. La démocratie contemporaine, insidieusement, qu'elle soit dirigée par le conservatisme ou la social-démocratie, s'est soumise au diktat du marché et livre, à bas prix, pièce par pièce, l'ensemble de nos possessions.

De quoi s'agit-il ?

Le capitalisme, pour prospérer et s'accroître, a besoin de toujours plus de territoires, de « marchandiser » ce qui lui échappe, d'investir des activités jusqu'alors préservées du marché par la décision du peuple au nom des finalités collectives de celles-ci. Défaire les fonctions régaliennes pour priver l'Etat des instruments de sa politique, expression de la volonté du peuple.

Au fil des années, le bien public a été cédé au marché. Cette cession a-t-elle été faite avec l'assentiment des propriétaires ? Nous n'avons pas le souvenir d'avoir été interrogés. S'agit-il alors d'un vol ? Serions-nous dirigés par une « kleptocratie » ?

Depuis plus de trente ans, la démocratie contemporaine a commis des vols successifs, réduisant le bien commun, dépossédant les citoyens de leurs seules possessions, fragilisant le lien républicain (effet recherché ?).

Aujourd'hui, les attaques du marché n'ont pas cessé à l'instar des monarchies européennes qui n'ont eu de cesse de briser la révolution française avec la complicité du souverain.

Nous sentons, plus que confusément, les brèches dans nos dernières propriétés ; l'hôpital, la poste, l'enseignement, le transport ferroviaire… la méthode est simple : mettre en difficulté le service public par des réductions d'effectifs et budgétaires avec, pour conséquence, une pénurie des services, des réorganisations chaotiques et ainsi permettre au marché de concurrencer déloyalement un service publique saboté.

Le peuple dépossédé de son pouvoir

A la formule : « Au nom du Peuple français » s'est substitué le « Je » royal, dictatorial. Danton doit se retourner dans sa tombe à la recherche de sa tête, elle en vaut toujours la peine.

La règle commune issue de la révolution était un modèle ; le peuple élit des représentants pour mettre en œuvre sa volonté. Cette mise en œuvre est confiée au pouvoir exécutif sous contrôle des représentants du peuple.

Imaginons une réforme des retraites avec ce fonctionnement démocratique par exemple. Le peuple (nous ne parlerons pas des moyens) est consulté par ses représentants pour déterminer ce qu'il y a lieu de faire. Le peuple exprime sa volonté, les représentants mandatent l'exécutif pour mettre en œuvre la volonté du peuple.

C'est ainsi que les révolutionnaires de 1789 avaient pensé la démocratie représentative : le peuple demande à ses représentants de légiférer traduisant sa volonté par la loi.

Le fonctionnement contemporain de notre démocratie est une perversité. Le monarque exprime sa « pensée », quelques diplômés d'écoles dites « grandes » soumettent au monarque un projet. Le monarque tranche en fonction des intérêts privés qu'il représente (ceux qui ont financé sa campagne électorale) : patrons d'entreprises, banquiers, en fonction de ce que les marchés exigent, en fonction du risque de conflit social. Les médias, voix de son maître, se font l'écho de la décision du monarque et vantent la sagesse, le brio, la nécessité ; les domestiques de la majorité votent la loi… et voilà ! La social-démocratie proteste pour la forme en toute complicité, le peuple, soumis, asservi, réduit au spectacle de la cour, privé du pouvoir de décider de son destin assiste dans le noir au spectacle de l'écran.

Dans une démocratie c'est l'élu (et celui qui prétend le devenir) qui interroge le peuple : « Quelle est votre volonté ? » Aujourd'hui, c'est le peuple qui interroge l'élu : « A quelle sauce allez-vous nous manger ? »

C'est un renversement pervers ; nous ne somme plus en démocratie !

Le peuple dépossédé de son jugement

Il faudra donc que nous mangions cinq fruits et cinq légumes par jour et si le lobbying des produits laitiers s'en mêle, il faudra alors que nous ingurgitions quelques laitages sans oublier de « bouger plus » ; il est vrai que l'espace disponible dans le RER à 8h00 nous y incite. Il est vrai que l'argent dont nous disposons pour nous procurer les fruits et légumes (en toutes saisons) est suffisant.

Mais si l'absolutisme démocratique tente de contrôler ce que nous mangeons, il n'a de cesse d'étendre son contrôle sur nos conduites ; véritable hystérie hygiéniste déferlant sur le fumeur, accompagné de cette hypocrisie consistant à dénoncer les substances toxiques du tabac sans en interdire l'adjonction. Paradoxe absurde où la grippe A défait le jugement et le discernement jusqu'à troubler la raison des citoyens.

L'ensemble des interdits, des recommandations, des répétitions qui envahissent nos sens ont un seul but : faire en sorte que nous intégrions l'interdit sans qu'il soit conscient, occuper notre attention dans tous les moments de notre vie ; un contrôle total de notre intimité.

Les interdits se multiplient afin que le citoyen n'ait d'autres préoccupations que le respect de ceux-ci, concentré, soumis, oubliant sa capacité de critique, de refus, de révolte ?

Ralentir de 130 km/h à 50 km/h pour sortir de l'autoroute et nous sommes envahis de panneaux (110,90,70,50) au cas où notre capacité à ralentir à la vue d'un obstacle aurait disparu.

Boire, voter, bouger, penser avec modération.

S'il nous reste quelque temps de cerveau disponible, consommons sans modération, achetons chinois pour créer les emplois chinois de demain.

Notre discernement est sollicité jusqu'à saturation, jusqu'à la démission. Le jugement à genoux, il nous reste à accepter la modernité, une vision à peine revisitée du Moyen-âge, spectateurs de la destruction de nos fondations (Révolution, Conseil National de la Résistance) pour entrer dans le colisée mondial : ceux qui vont produire saluent la main invisible du marché et pour les autres, au mieux : la charité.

Les jeux sont faits et si nous n'avons pas compris, nous apprenons à jouer devant nos écrans, nous ne baissons plus le pouce pour la mise à mort du gladiateur télévisuel, nous composons un numéro sur nos portables ; c'est ça la modernité !

Comment nous plaindrons-nous alors de subir le même sort quand l'actionnaire réclamera notre tête et quand le manager abaissera le pouce ?

Dépossédés de notre jugement, nous acquiesçons souvent par omission, nous sommes privés de notre capacité de refus et laissons faire pensant échapper à la tourmente ; demain matin sera brun !

Le peuple possédé par l'espérance

Maintenant que nous sommes dépossédés de tout, que nous reste t-il ? L'espérance bien sûr, celle proposée par les religions, celle tant vantée par le chef d'état, celle d'après cette vie ; l'opium !

Les idéologies du « bonheur d'après » reviennent en force, la démocratie a désespéré note pays : austérité pour mieux après, privation pour mieux après, dictature du prolétariat pour mieux après, attentat suicide pour mieux après ; la manipulation par l'espérance.

L'espérance est une attitude passive, une attente d'un meilleur destin qui viendrait d'autres forces que les nôtres, que ces forces viennent du pouvoir terrestre ou céleste.

L'espérance n'a qu'une ambition : permettre aux peuples de supporter leur soumission.

Elle est agitée pour les pouvoirs (on les reconnait aussi de cette façon), elle est l'objet d'idéologie (du Livre au néo-libéralisme), elle dessaisit les individus du seul pouvoir dont il dispose : le pouvoir sur leur destin.

Ces folles espérances montrées à l'envie par les médias au soir des élections présidentielles et de nouveau ces déceptions sourdes, ces colères rentrées d'un peuple sans espoir.

L'élection, un rituel qui fait naître l'espérance, puis débarrassé de son pouvoir, le peuple asservi au maître qu'il a choisi courbera l'échine jusqu'à la prochaine messe.

L'hostie est infâme mais nous continuons à communier.

Le peuple dépossédé de son humanité

La barbarie contemporaine est la réduction de l'autre à une masse sans nom, à une statistique, à une quantité, à une ligne de crédit, à un revenu mensuel, à un moral ménager, à un segment de marché… à une variable économique. Adieu Marie, Philippe, Madame Durand et Monsieur Dupond, adieu à l'humanité du nom !

Selon l'INSEE, « la masse salariale est le cumul des rémunérations brutes des salariés de l'établissement (hors cotisations patronales). »

Toujours selon l'INSEE, « de manière générale, un ménage, au sens statistique du terme, désigne l'ensemble des occupants d'un même logement sans que ces personnes soient nécessairement unies par des liens de parenté (en cas de cohabitation, par exemple). Un ménage peut être composé d'une seule personne. »

Encore selon l'INSEE, « Par convention, les bas salaires sont les salaires inférieurs aux deux tiers du salaire médian de l'ensemble de la population. »

Une dernière ? La conurbation est – selon l'INSEE (encore) – « une agglomération formée par la réunion de plusieurs centres urbains initialement séparés par des espaces ruraux. »

La statistique : une négation de l'individu, un déni de son émotion, de son histoire, de sa croyance, de son corps, de sa pensée (oui, il en a une), déshumaniser la personne et en faire personne.

Dépossédés de notre individualité, nous sommes devenus des moyennes, des chiffres « pourcentés » qui auraient des intentions, des habitudes, des propensions, des profils… toutes choses qui nous effacent.

Il ne nous restera bientôt plus rien, nous ne serons bientôt plus rien. De *persona* nous redeviendrons *homo,* sans droit, soumis à la loi naturelle, dépouillés de tout ce que nous avions chèrement acquis révolution après révolution.

"La tendance du capitalisme aux expansions soudaines constitue l'élément le plus important, le trait le plus remarquable de l'évolution moderne ; en fait l'expansion accompagne toute la carrière historique du capital, elle a pris dans sa phase finale actuelle, l'impérialisme une énergie si impétueuse qu'elle met en question toute l'existence civilisée de l'humanité."
Rosa Luxembourg.

Chasser l'occupant

« Il a chassé le naturel, le naturel n'est pas revenu. » Jules Renard

Dans note grande naïveté, nous avons élu les représentants de l'occupant, les uns à la tête de l'Etat pour qu'il le saborde, les autres à la tête des fiefs régionaux pour farder localement le sabordage. Tous sont acquis à l'inéluctabilité de la féodalisation de notre pays : régime centralisé autoritaire, malades et pauvres confiés à la charité, règne de la religion du marché.

Nous ne chasserons l'occupant quand nous aurons chassé celui qui occupe notre esprit fait de croyances qui finissent par devenir vérité à force d'avoir été bourrées dans nos crânes. Il s'agit bien d'idées reçues au sens où elles ne viennent pas de nous :

1ère idée reçue : La démocratie telle quelle fonctionne est la seule possible.

La démocratie telle que nous la pratiquons est une violence faite par 50,01 % d'une partie de la population à 49,99% de l'autre partie. C'est un combat sans discussion, sans négociations, sans palabres, sans dialogue où les uns font subir et les autres subissent.

La démocratie représentative est financée par les détenteurs du capital qui recherche in fine la servitude volontaire des peuples à l'idéologie du marché. Les « réformes » servent les intérêts de la doxa marchande au nom de l'intérêt général.

La démocratie parlementaire confisque au citoyen, par l'élection, sa capacité à contribuer à la société qu'il veut mettre en œuvre, lui retirant l'exercice de son expression et toute possibilité de contrôle.

Ce n'est pas la démocratie qui est en cause mais la perversion de sa pratique

2ème idée reçue : Le marché est la seule organisation du monde possible.

Après l'effondrement du mur de Berlin en 1989, l'échec sanglant de l'expérience soviétique laissa libre cours à la démesure du capitalisme (est-il seulement capable de mesure ?) ; dérégulation, déréglementation… absolutisme du système marchand laissé à sa seule finalité : l'augmentation des richesses pour celles et ceux qui les détiennent.

Injustice, inégalité, « esclavagisation », paupérisation, exclusion, ostracisation, corruption, opacité, néoptisme, clanisme… les mots et maux du marché, du féodalisme, de l'arbitraire, de la sauvagerie, de l'absence de Droit.

Comment pourrait-on penser en toute raison que nous n'ayons rien d'autre comme avenir que de subir ces deux systèmes nous condamnant au malheur ?

Et pourtant…

En mai 1789 le mot d'ordre du peuple est :

« Qu'est-ce que le tiers état ? Tout !
Qu'a-t-il été jusqu'à présent dans l'ordre politique ? Rien !
Que demande-t-il ? A y devenir quelque chose ! »

Que demande le peuple aujourd'hui ? A devenir maître de son destin !

Le 4 août 1789 à trois heures du matin, la Bastille est démontée pierre par pierre, les privilèges aussi.

Le 26 août 1789, la déclaration des droits de l'homme et du citoyen est rédigée.

Quatre mois, un leitmotiv, un vote, un texte et le peuple a manifesté sa volonté d'être aux commandes de sa destinée montrant aux monarchies dominantes de l'Europe qu'il y avait une alternative.

Le 10 novembre 1799, la république est enterrée

Depuis cette expérience, l'idée qu'autre chose est possible n'a pas quitté la pensée. La volonté du peuple de s'émanciper des tutelles n'a pas diminué elle est simplement muselée par la propagande, accusée d'utopie, d'archaïsmes au prétexte que le monde aurait changé. La tentation d'asservissement des peuples n'a pas changé, la volonté d'émancipation des peuples non plus.

Le 25 février 1848, le peuple est dans la rue, Louis-Philippe abdique, la république est une nouvelle fois proclamée : liberté de la presse, suffrage universel, abolition de l'esclavage, droit au travail.

Coup d'état du 2 décembre 1851, la république est enterrée.

Le 18 mars 1871, le comité central de la Commune s'installe à l'Hôtel de Ville de Paris.

Le 2 avril 1871, la séparation de l'Eglise et de l'Etat est votée et la laïcité proclamée, l'enseignement devient gratuit.

Le 28 mai après le massacre des communards, Mac-Mahon déclare : « Paris est délivré ! » La démocratie est enterrée.

Le 22 juin 1940, la France obtient l'armistice, le 10 juillet, la majorité des parlementaires vote les pleins pouvoirs au Maréchal Pétain. La démocratie est enterrée.

Depuis 1986, privatisation des outils politiques de la Nation,

1998, création de la Banque Centrale Européenne indépendante.

La France a été livrée au marché, dépouillée, endettée ; les médias concentrés et muselés ; le service public désorganisé, le peuple désabusé. Fin de l'histoire ?

Et demain ?

« Demain est moins à découvrir qu'à inventer. » Gaston Berger

Dans une démocratie digne de ce nom, le peuple détient le pouvoir d'imposer la société dans laquelle il veut vivre ; le peut-il aujourd'hui ?

Ce n'est pas l'envie qui lui manque mais la crainte d'un pire le retient. Aurions-nous perdu cette confiance en nous qui nous a fait relever la tête quand elle était courbée ?

Aurions-nous perdu toute imagination, toute utopie pour reconquérir l'avenir ?

Aurions-nous oublié qu'un destin collectif ne dépend que de nous ?

Aurions perdu cette odeur de la rue, cette saveur des mots qui disent « non », cette envie qui fut nos plus belles heures ?

Qu'est-ce qui nous retient ? L'écran plat et sa platitude ? Le peu qu'il nous reste parce que « c'est mieux que rien » ?

Qu'y a-t-il devant nous à part ce néant marchand ?

Si la précaution est inscrite dans notre Constitution, ne s'est-elle pas gravée dans nos cœurs ?

Après ces quelques lignes, emportant les questions sans réponse, remplissant le chariot de victuailles, nous fêterons notre défaite au passage à la caisse et voteront les pleins pouvoirs au marché pour qu'il enterre définitivement ce que d'autres pouvoirs n'ont pu faire : la république et la démocratie.

Le maquis

« *Il n'y a de vie que dans les marges.* » Honoré de Balzac

Les senteurs chaudes des pierres brulantes, cet odeur de miel qui flotte dans un air sec, ces paysages montagneux qui se jettent à la mer ; nous sommes en Corse, en été.

Et en Corse, ça sent le maquis.

Le maquis n'a pas qu'une odeur, il a une fonction pour qui veut se soustraire à l'autorité occupante. En ce sens, la maquis est partout, là où la doxa marchande ne peut pénétrer. Essayons de prendre le maquis là où nous sommes, juste un jour : éteignons la télévision, n'ouvrons pas le journal et replongeons-nous dans ces lectures oubliées pour voir les choses avec notre intelligence. Laissons-nous inspirer par ces vies qui, dans la plaine du Pô de la Rome antique (Spartacus), dans les usines de Nottingham en 1811 (révolte des ouvriers), sur les pentes des Black Hills en Amérique du nord (lieu de sépulture des indiens), dans l'Espagne de 1936, sur le plateau des Glières…, ont pensé que la liberté valait bien un combat.

Dans ce temps laissé libre par la marchandise (on ne livre pas dans le maquis), retrouvons les raisons de ne pas laisser faire, retrouvons l'énergie de ne pas abandonner à d'autres l'idée d'un bonheur possible pour le plus grand nombre possible.

Prendre le maquis mental ou intellectuel, faire cesser le bruit du dehors pour trouver le silence du dedans et voir ce qui est à l'œuvre dans notre monde.

S'abriter de l'instantanéité de l'image et de l'émotion qu'elle provoque pour une observation calme.

Discerner dans le discours du pouvoir les tentatives manipulatoires, l'insulte à l'intelligence, la vulgarité des propos.

Dans cette senteur là, prenons les chemins maquisards les moins fréquentés.

Cheminer dans le maquis

« Le chemin de la sagesse ou de la liberté est un chemin qui mène au centre de son propre être. » Mircea Eliade

Entre montagne et mer, suivre cette sente pierreuse où les mollets se frottent aux plantes griffues, sensations pour rester en éveil. Les pieds occupés, l'esprit peut cheminer et rendre possibles les impossibles.

Les systèmes oppressifs se déploient et nous les laissons faire ; les quelques périodes de libertés dans notre histoire n'ont pas suffi à effacer notre habitude du joug. Et puis, ces systèmes nous ont tellement convaincu qu'ils étaient les seuls possibles que nous avons abandonné tout idée d'alternative.

Privés d'alternative, nous subissons !

Et si l'appétit venait en mangeant ? Autrement dit, et s'il fallait d'abord désarmer l'oppression pour se libérer de la souffrance qu'elle nous cause libérant du même coup l'esprit pour inventer, construire ce que d'autres avant nous ont déjà imaginé.

Au Vè siècle avant J.-C., Athènes invente la démocratie : « la liberté est dans ces paroles qui invitent le peuple à donner son avis » Euripide.

La loi qui rend égale se substitue à l'inégalité de l'arbitraire ; Athènes contre Sparte.

Tout fonctionnement démocratique repose sur l'éducation de chaque citoyen et notamment celle qui consiste à développer sa culture générale et son discernement. Toute tentative, comme c'est le cas aujourd'hui, d'éradiquer des enseignements les savoirs qui cultivent la pensée et qui encouragent l'esprit critique prépare le dysfonctionnement démocratique et annonce les régimes autoritaires.

Dans ces chemins du maquis de la pensée, retrouvons notre histoire pour puiser dans nos héritages la force que d'autres ont eu avant nous.

Il s'agit de renouer avec le projet des Lumières : retrouver notre autonomie, désarmer les forces extérieures qui voudraient conduire notre destin, reprendre possession des outils politiques et économiques pour peser sur notre avenir. Il nous faut désacraliser le discours économique, nouvelle idéologie de l'oppression, tailler en pièce l'argument du « nécessaire », de « l'incontournable » qui tente de nous convaincre de nous soumettre à des forces qui nous seraient supérieures. Asservir les rapaces, les prédateurs, toutes les avidités déchaînées, ces castes mafieuses qui ont pris le pouvoir ; l'acte premier du peuple français pour reconquérir sa liberté est de retirer son pouvoir à l'idéologie économique, remplacer les thuriféraires de l'ultralibéralisme par les représentants du peuple.

Il faudra ensuite affirmer la finalité poursuivie par la démocratie ; aujourd'hui, la finalité dite et redite *ad nauseam* est « la création de richesses ». Cette finalité a remplacé le projet révolutionnaire : « Liberté, Egalité, Fraternité » et s'insère sournoisement dans nos esprits par tous les moyens de propagation disponibles.

Le modèle de société qui nous est imposé est darwinien. La Staracademy est un des spectacles qui nous est proposé pour que nous fassions nôtres les mots du Gaulois Brennos : « Vae victus », malheur aux vaincus. Cette émission de propagande nous invite même à participer à la « mise à mort » des perdants. Nos émotions sont sollicitées pour prendre partie, pour participer à l'hallali ; nos énergies se perdent inutilement avec, au fond de nous une sourde angoisse existentielle. Qu'avons-nous de nos vies ?

A la fraternité s'est substituée « Vae victis », la barbarie est dans nos têtes. Coupons la télé !

Darwinienne encore notre démocratie quand la loi naturelle de l'économie décide pour elle de l'âge légale du départ à la retraite, de la durée hebdomadaire du travail, du remboursement ou du déremboursement des médicaments… dans ces trois cas, il s'agit de nos vies ; dans ces trois cas, ce sont les « experts » de l'économie qui tranchent à notre place. Dans les trois cas, les plus faibles (vieux, malades, chômeurs, pauvres, vous, moi) sont frappés parce qu'ils ne créent pas de richesses : ils coûtent. A l'égalité s'est substituée « Vae victus ».

Darwinienne enfin notre démocratie quand les pouvoirs, tous les pouvoirs ont été confisqués laissant à d'autres le soin de conduire notre destin. Le peuple est soumis aux diktats économiques aux injonctions financières, aux spéculations effrénées, à la corruption endémique des pouvoirs. Distraire le peuple pour qu'il ne voie pas sa soumission, lancer des débats quotidiens pour détourner l'attention, répéter et répéter encore les non-choix, l'obligation, la nécessité absolue de la soumission au système. A la liberté s'est substitué : « Vae victis ».

Rester dans le maquis

« Nous devons en rester à la vieille coutume de rester la tête haute. » Goethe

Dominant la mer, dominé par la montagne, l'esprit reprend ses droits. Le monde apparaît tel qu'il est : à nouveau l'injustice est à l'œuvre, à nouveau la loi de la nature se déchaîne, à nouveau la culture est défaite.

Armer l'esprit de fusil de la revendication, de la rébellion, de l'insurrection, le « No passaran ! » de Dolores Ibarruri le 19 juillet 1936 ou le « Le peuple doit se défendre » de Salvador Allende le 11 septembre 1973. Approvisionner le chargeur des mots de la liberté pour viser le discours dominant et tirer sur les mots de l'oppression, parce que de là où nous sommes, loin de la scène, nous voyons plus clairement les cibles. Loin du vacarme certes, mais plus proche de soi où, entre arbousiers et bruyères, reviennent nos rébellions d'entemps, celles qui, au long des siècles nous ont tenu debout, celles qui font partie de notre patrimoine « génétique ».

Nos ventres se remplissent d'armes comme ceux des Espagnols de Manuel De Falla ; nos cœurs battent à nouveau comme un retour à notre humanité ; nos têtes retrouvent ces images de rues emplies de vie, libérées de la torpeur où les chants de revendication résonnent pour que « ça aille » !

Du maquis à la rue

« Une rue c'est ce qui va quelque part.» Paul Claudel

Il faudra abandonner la fleur blanche de la myrte,
laisser derrière soi genévriers et cystes pour rejoindre
ce que nous avons laissé un temps. De la sente à la
ruelle, de la ruelle à la rue, nous voilà ; l'esprit clair et
la détermination de ne plus céder.

Pourquoi ? Qui sait ? Ce qui nous occupe maintenant
c'est de faire cesser la souffrance du joug, de désarmer
la pensée dominante, de réduire la morgue des
seconds couteaux, de destituer les pouvoirs

illégitimes ; alors seulement nous saurons quoi faire parce que nous serons libres et maîtres de notre destin.

Il faudra probablement de nouveau réunir une Assemblée Constituante élue au suffrage universel direct.

Il appartiendra à cette Assemblée d'élaborer une constitution qui refonde notre démocratie au nom du Peuple et pour le Peuple.

S'agit-il d'un appel à la révolution ? Pour ceux qui nous ont dépossédés c'est sûrement comme ça qu'ils le verront. Pour nous il s'agit d'un appel à la libération, d'un appel à reconquérir ce qui nous a été volé : la possibilité de choisir notre destin.

« A vrai dire, il faut toujours faire entrer en ligne de compte dans ce bilan les ruses grâce auxquelles les puissants obtiennent par persuasion ce qu'ils sont hors d'état d'obtenir par contrainte, soit en mettant les opprimés dans une situation telle qu'ils aient ou

croient avoir un intérêt immédiat à faire ce qu'on leur demande, soit en leur inspirant un fanatisme propre à leur faire accepter tous les sacrifices. » Extrait de « Réflexions sur les causes de la liberté et l'oppression sociale » Simone Weil – 1934

Table

La France est occupée	13
Ils ont voté et puis après	17
L'occupant : la main invisible	23
L'origine du mal	27
Les grands prêtres	35
La guerre totale	43
Le peuple dépossédé	49
Chasser l'occupant	63
Et demain ?	71
Le maquis	75
Cheminer dans le maquis	79
Rester dans le maquis	85
Du maquis à la rue	87

(c) 2011, Camille Case
Edition : Books on Demand GmbH, 12/14 rond-point des Champs Elysées, 75008 Paris
Imprimé par Books on Demand GmbH, Allemagne
ISBN : 978-2-8106-1278-9